1

Avant-propos

Le plus contrariant, en fin de compte, est de prendre conscience de l'impasse dans laquelle nous nous trouvons.

En effet, nous passons, une grande partie de notre temps, à croire qu'on a réussi, ou raté, notre vie, alors que notre existence ne nous est pas accessible et, de facto, nous échappe.

Sous prétexte de contraintes familiales, professionnelles ou sociétales, il y a toujours une bonne raison pour ne pas s'adonner à son existence.

Nous nous perdons, ainsi, dans des extériorités et des faux-semblants aussi vains que futiles.

A travers la description de quelques exemples singuliers de parcours de femmes (qui auraient très bien pu être des hommes, tant le propos ne concerne pas le sexe féminin, en particulier, mais le genre humain, en général), j'ai souhaité mettre en lumière l'inconsistance et la vanité de la plupart des destins.

L'objectif, ainsi visé, n'est, en aucune façon, de porter le moindre jugement de valeur, mais, au contraire, d'essayer d'apporter un modeste éclairage, pour permettre des prises de conscience quant à la nécessité de s'adonner à un travail sur soi, ouvrant à une réalisation intime, seul moyen de ne pas passer à côté de sa trop brève existence et de mettre de la joie dans notre quotidien...

Note de l'auteur

Toute ressemblance avec des personnages ayant existé, existants, ou qui existeront, n'est peut-être pas totalement fortuite.

Ceux ou celles qui, d'une manière ou d'une autre, se reconnaitront dans les personnages de cet essai, voudront bien, par avance, excuser mon propos, et bien vouloir, simplement, le considérer comme ce qu'il a pour modeste ambition d'éclairer, à savoir : la difficulté pour tout un chacun à être ce qu'il est au fond de lui-même, en somme : exister…

Véronique

A toutes ces femmes qui se sont sacrifiées
pour leurs enfants…

Véronique était assise en terrasse d'un café de province et attendait, les jambes croisées, une cigarette à la main.

Devant elle se trouvait un verre vide.

Pour la énième fois, elle jeta un œil à sa montre.

Il était dix-sept heures huit. Cela faisait maintenant, exactement, trente-huit minutes qu'elle attendait un inconnu avec qui elle avait échangé pendant des semaines sur un site de rencontre.

En pensant au retardataire elle se remémora le bel homme qu'il était sur son profil internet.

Mais rien, ni personne.

Brusquement, elle vit le serveur trébucher et le contenu de son plateau se déverser sur sa belle robe échancrée qu'elle avait acheté pour l'occasion.

L'homme était confus et s'excusa mille fois.

Mais cela ne changeait rien à sa situation. Un malotru venait de lui poser un lapin et un maladroit de lui saloper sa robe.

Sa journée était gâchée.

Elle régla l'addition, sans laisser de pourboire, et rentra chez elle dans l'objectif de se cacher sous sa couette.

- Au moins là, se disait-elle, je serai à l'abri de ces salauds d'hommes…

Arrivée à son domicile, Véronique partit se changer et enfila sa vieille chemise de nuit de grand-mère. Son tue l'amour, comme elle se plaisait à dire, mais en même temps si réconfortante…

Machinalement, elle se dirigea vers les chambres de ses deux filles, et en referma les portes.

- Pour une fois que les petites étaient chez leur père et que je pouvais être tranquille et penser à moi, c'est un fiasco. Décidemment mon existence est une voie sans issue… Des contraintes… des contraintes… et, encore, des contraintes… Et en plus, les hommes sont tous, soit des imbéciles, soit des pourris…

Sur cette pensée, elle s'enfonça au creux de son lit double, se dissimula le visage et se laissa aller...

Véronique pleura longtemps. Elle en avait tellement gros sur le cœur.

Le monde des hommes dans lequel elle évoluait était trop dur pour une femme seule avec deux enfants à charge dont une adolescente qui avait tout le temps réponse à tout.

Pour ne rien arranger au tableau, elle se trouvait grosse et moche.

Décidemment, elle qui avait tout placé dans ce rendez-vous avec cet homme idéalisé était anéantie. Cette journée, qui s'annonçait sous les meilleurs auspices, avait tourné au désastre.

Toutes ses souffrances et ses frustrations accumulées depuis toutes ces années remontaient à la surface.

Entre deux sanglots, elle fit une rapide introspection et se replongea dans le scénario de sa vie.

Tout était à jeter, à l'exception de ses deux filles, et encore, quand elles ne la rendaient pas hystérique à force de la faire crier. Il faut dire que sans homme à la maison, l'autorité masculine faisait défaut et tout était sujet à contestation.

Epuisée et anéantie, Véronique s'endormit…

Son portable, qu'elle avait oublié d'éteindre, se mit à vibrer. C'était Caro sa meilleure amie.

Véronique fit glisser son doigt sur l'écran et porta son téléphone à l'oreille.

La bonne Véro écouta longuement son amie Caro s'épancher sur ses malheurs, ce qui accentua sa déprime…

Caroline était, comme son amie Véronique, une fille plutôt jolie, qui avait dépassé la quarantaine.

Elles avaient l'habitude de sortir ensemble pour faire du shopping ou aller au cinéma, et même, parfois, à l'opéra, quand une de leurs connaissances leur donnait des places pour une générale.

Véronique et Caroline s'étaient rencontrées sur les bancs du collège et étaient restées très proches depuis cette époque.

Elles avaient eu toutes les deux des parcours amoureux chaotiques et professionnels obérés par les sacrifices consentis pour s'occuper des enfants.

Toutes deux regrettaient le temps de leur jeunesse insouciante où elles avaient tous les mâles bourrés de testostérone à leurs pieds et où elles les faisaient tourner en bourrique en passant de l'un à l'autre, sans état d'âme, selon leur bon plaisir.

Mais aujourd'hui tout avait bien changé.

Elles avaient perdu une grande partie de leurs plus belles années avec des types qu'elles considéraient désormais comme des cons et le regrettaient amèrement.

Toutes deux face à l'adversité du monde souffraient.

Elles n'étaient plus les deux insouciantes collégiennes qui croyaient aux fables de Princesses et à leurs merveilleux destins, aimées et entourées de leur Prince charmant et d'une ribambelle de petits, tous plus beaux et gentils les uns que les autres.

La réalité était bien plus terne et sordide à la fois.

Elles étaient toutes deux au service de leurs enfants et de leur employeur.

Comptable, pour l'une et assistante de direction, pour l'autre, elles avaient oublié de vivre pour elles. Elles s'étaient négligées par la force des choses et en souffraient terriblement.

Pour se donner un peu de baume au cœur, Caroline proposa à son amie Véro, d'aller faire les magasins.

Véronique acquiesça instantanément.

Toutes deux se donnèrent rendez-vous une heure plus tard sur le parking d'un des plus grands centres commerciaux d'Europe.

Lorsqu'enfin elles se retrouvèrent sur place, les portes du centre commercial étaient en train de fermer.

Le week-end était terminé et il avait été pourri.

Son ancien mari allait bientôt ramener ses filles à son domicile et son morne quotidien allait reprendre.

Le parlophone tinta annonçant l'arrivée des tornades.

Véronique fila dans sa salle de bain, se poudra le visage d'un fond de teint rose et se força à sourire pour donner le change.

Puis, elle se dirigea vers la porte d'entrée de son modeste trois pièces pour accueillir ses filles qui étaient en train de se disputer pour des futilités, comme à leur habitude...

- Bonjour maman,

- Bonjour les filles, leur répondit-elle, le coin des lèvres crispé.

- Tu as passé un bon week-end au calme, lui demanda Lisa, la plus grande, sans penser qu'elle mettait les pieds dans le plat ?

- Super, c'était super… lui répondit sa mère.

- J'espère que tu t'es reposée car tu étais tellement fatiguée, la questionna Aude, la plus petite.

- Oui, je n'ai fait que dormir, lui répondit sa mère.

- Allez, finissez vos devoirs et à la douche.

- Bien maman, lui répondirent en cœur, les deux filles, qui avaient bien compris le mode de fonctionnement de leur mère, qu'il ne fallait pas contrarier. De toute façon, au final, les filles feraient comme elles voulaient...

Véronique, comme tous les soirs, cria après ses filles.

- Lisa, mets la table, ça fait trois fois que je te le dis.

- Aude, va prendre ta douche et vite, avant que je ne te confisque ta tablette.

Tant bien que mal, et après plusieurs colères, elle parvint à se faire entendre.

Elle s'endormit à 22 h 30 précises.

A 6 h 45, le réveil sonna, la réveillant en sursaut. Une nouvelle semaine s'annonçait triste et morne.

Véronique, comme tous les matins et dans l'ordre, descendit récupérer son journal dans la boite aux lettres, prépara son café, fuma une cigarette, passa aux WC, prit sa douche, en moins de cinq minutes, se sécha les cheveux et se préparera devant sa glace de plain-pied.

Sans personne sur qui compter, elle se sentait terriblement seule, vide à l'intérieur et sans relationnel fiable à l'extérieur. Elle avait le sentiment que tout le monde autour d'elle l'avait laissé tomber…

En jetant un œil à l'horloge mural, elle s'aperçut qu'il était déjà huit heures moins dix.

Elle chassa brusquement ses idées noires, de toute façon, elle n'avait pas le temps pour cela.

Elle devait faire vite pour accompagner la petite à l'école et rejoindre son poste de travail dans un grand Cabinet d'expertise-comptable.

Elle enfila en vitesse son manteau qu'elle se trainait depuis deux ans, cria une nouvelle fois sur sa fille, Aude, et quitta son appartement en tirant doucement la porte derrière elle, pour ne pas réveiller, Lisa, la plus grande de ses filles qui ne commençait les cours qu'à 10 h 00.

Véronique, comme chaque jour, devait respecter un timing serré.

Durant tout son temps de travail, elle demeura la tête baissée, à accomplir des tâches répétitives et sans intérêt de saisie comptable.

Elle ne s'arrêta que vingt minutes pour avaler, sur le pouce, sa salade niçoise, qu'elle s'était préparée la veille au soir.

A 16 h 45 précises, elle quitta son poste de travail et fila à toute vitesse récupérer sa fille cadette.

Lorsqu'elle arriva enfin, après plusieurs longues minutes d'embouteillage, Aude faisait la gueule. La Princesse avait attendu à peine plus de cinq minutes devant le portail, qui venait juste d'être fermé.

A peine eut-elle prit place dans le véhicule que la petite réclama son goûter.

- Mince, je l'ai oublié à la maison avant de partir ce matin au travail. Excuse-moi ma chérie, lui dit toute penaude, sa maman.

Aude se mit à bougonner sur son siège arrière de plus belle.

Hors d'elle et face à cette attitude qu'elle estimait totalement ingrate et qui plus est injuste, Véronique, qui avait passé une nouvelle journée particulièrement pénible et éprouvante, perdit son contrôle et se mit à hurler sur sa fille.

La petite vexée se mit à bouder de plus fort.

Les minutes qui suivirent furent, une fois de plus, particulièrement pénibles pour Véronique qui s'en voulait d'avoir perdu ses nerfs et d'avoir passé sa colère sur sa fille adorée.

Même si elle savait que les disputes avec les enfants ne duraient pas bien longtemps, elle culpabilisait de son attitude.

De retour au domicile familial, Véronique, pour se faire pardonner, prépara à sa petite, son goûter préféré : une tartine de pain recouverte d'une fine pellicule de beurre et d'un doigt de Nutella.

La dispute était oubliée…

- Aude, va faire tes devoirs.

- Oui, maman, lui répondit la petite tout en continuant à regarder des dessins animés à la télévision.

Au bout de plusieurs rappels à l'ordre demeurés sans effet, Véronique se surprit encore à crier après sa fille.

- Si tu n'éteins pas tout suite cette télé et si tu ne vas pas faire tes devoirs, immédiatement, je vais annuler ton anniversaire avec tes copines.

La menace était sérieuse. Aude, qui connaissait sa mère, éteignit aussitôt le poste de télévision et fonça dans sa chambre faire ses devoirs, sans rien ranger...

Sur cette entrefaite, Lisa arriva à son tour à la maison. Elle avala, en décalage, son goûter, prit son téléphone et commença une discussion avec une copine de classe.

L'échange dura plus d'une heure.

Il faut dire que Lisa avait son smartphone en permanence greffé à sa main droite, de sorte qu'il l'accompagnait, en tous lieux, y compris aux WC.

Véronique, comme pour la plus petite, demanda, à plusieurs reprises, à sa fille ainée de faire ses devoirs.

- Oui maman, lui répondait-elle systématiquement avec un air, à la fois je m'en-foutiste et mielleux, qui avait le don de l'exaspérer au plus haut point.

Mais, comme pour la petite, Véronique dut entrer dans une grosse colère pour que Lisa s'exécute enfin, laissant derrière elle les emballages vides et des miettes partout sur la table…

Avant même que ses filles ne soient couchées, Véronique, qui n'avait pas eu une seconde à elle depuis son lever, dut encore avoir recours à quelques reprises à ses seules armes, les cris et les menaces.

Pourtant, elle savait au fond d'elle que cette manière de fonctionner n'était pas satisfaisante et qu'elle ne lui convenait pas, mais elle n'avait rien trouvé d'autre pour se faire entendre et se faire respecter. Elle n'en avait, par ailleurs, ni le temps, ni l'énergie…

Lorsqu'elle se mit au lit, à 22 h 30 précises, elle était à bout…

Les journées se succédaient les unes aux autres et Véronique avait le sentiment de ne pas avoir une seconde pour elle.

Sa vie de femme était réduite à sa portion congrue, voire inexistante. Et ce constat la mettait dans le plus grand désarroi.

Son existence défilait sous ses yeux mais elle ne pouvait rien faire pour changer les choses. Et puis que faire. Que fallait-il changer ?

Elle avait le sentiment d'être sur des rails et ne pouvait ni s'arrêter pour se poser, ni en sortir. Son destin était tracé.

Elle voyait passer le train des années et n'avait aucune prise sur son existence.

Véronique se projeta malgré tout dans le futur. Elle s'y vit vieillir seule et sans personne autour d'elle, ses filles, à leur tour mère, accaparées par les contingences sociétales, professionnelles et familiales, étant tout juste disponibles pour un coup de téléphone hebdomadaire. Et encore…

Elle s'endormit sur cette déprimante pensée.

A 6 h 45, le réveil sonna, la réveillant une nouvelle fois en sursaut. Ce jour s'annonçait comme le précédent, triste et morne.

Véronique, comme tous les matins et dans l'ordre, descendit récupérer son journal dans la boite aux lettres, prépara son café, fuma une cigarette, passa aux toilettes, prit sa douche, en moins de cinq minutes, se sécha les cheveux et se préparera devant sa glace de plain-pied.

Puis, elle enchaîna, chauffeur pour la Princesse, femme à tout faire pour le Comptable, essuie pieds pour les clients, et enfin, boniche pour ses filles.

A 22 h 30 précises, Véronique éteignit les feux et ferma les yeux pour tenter d'oublier cette journée aussi morose que les précédentes et, sans doute autant, que les suivantes.

Comme tous les matins, son réveil sonna à 6 h 45. Comme tous les matins, elle mit son peignoir, descendit récupérer son journal dans la boîte aux lettres du RDC, but son café, fuma une cigarette, passa par la case WC, prit sa douche et prépara le petit déjeuner de tout le monde.

Puis, à 7 h 50 précises, elle accompagna en voiture sa petite à l'école.

Alors qu'elle était sur le trajet la conduisant sur son lieu de travail, son téléphone vibra. C'était sa meilleure amie, Caroline.

Après une longue hésitation, elle décrocha.

- Bonjour Véro, c'est Caro.

Véronique était désespérée pour son amie. Sa fille Cindy lui en faisait voir de toutes les couleurs. Après lui avoir dit qu'elle avait un petit copain et qu'elle avait besoin de préservatifs, elle venait de se faire prendre avec des pétards dans le sac.

Elle réalisa que Caro était dans une extrême difficulté et que son existence était pire que la sienne.

Pour autant, Véronique était au comble de l'écœurement. Son travail, tout autant rébarbatif que répétitif, lui sortait par tous les pores de la peau et lui déclencha un eczéma géant.

Pour compenser son mal-être, elle ingurgita tout au long de la journée tout un tas de saloperies : bonbons, chocolats, gâteaux …

Elle, qui d'habitude faisait si attention à sa ligne, craqua complétement et accepta toutes sortes d'aliments sucrés.

Elle avala tout et n'importe quoi jusqu'à vomir.

Ce jour-là, tout fit ventre du moment que cela lui donnait l'impression de combler le terrible vide qu'elle ressentait en elle.

Mais, plus elle s'empiffrait, plus elle se sentait mal et plus elle culpabilisait.

Sans s'en rendre compte, elle venait de remettre un pied dans la mécanique infernale du yoyo de la prise et de la perte de poids qui l'avait habitée toutes ces dernières années et qu'elle avait réussi à stabiliser grâce à d'énormes sacrifices…

Au cours des semaines qui suivirent Véronique, sous les contraintes extérieures de son environnement et de ses obligations familiales et professionnelles, prit énormément de poids.

Le matin, elle n'osait plus se regarder dans son miroir. Elle se faisait honte.

Petit à petit, elle ne fut plus en mesure d'entrer dans aucun de ses habits.

Certes, elle avait bien conscience de son délabrement physique et mental, mais elle n'avait plus, à ce jour, les ressources pour se ressaisir.

Elle se voyait comme une grosse vache. Et cette mauvaise image d'elle, la poussait à consommer davantage de sucreries, pour, selon elle, se faire inconsciemment du bien.

La réalité était toute autre.

Elle perdait pied et ne voulait plus voir personne.

Rapidement les résultats scolaires de ses filles s'en ressentirent.

Puis, ce fut au tour de son implication professionnelle.

Face à ses nombreuses bourdes et erreurs inhabituelles, son employeur la convoqua à un entretien de la dernière chance.

- Véronique, qu'est-ce qu'il se passe ? Ces dernières semaines vous m'avez beaucoup déçu...

L'entretien commençait mal.

- Ma confiance en vous a été très mal récompensée. Vos étourderies et vos oublis nous coûtent beaucoup d'argent et ont généré un déficit d'image irréparable vis-à-vis de la clientèle du Cabinet. Vos manquements répétés nous font passer pour des incompétents. Je me dois de prendre des mesures dans l'intérêt supérieur de mon Cabinet, vous comprenez…

- Excusez-moi… balbutia t'elle en larmes. Anéantie, elle fut incapable ne serait-ce qu'émettre le moindre mot en défense.

- Vos excuses ne sont pas suffisantes Véronique et ne me satisfont pas. Je vais être obligé de prendre à votre encontre des sanctions.

Et il ajouta sur un air des plus dédaigneux :

- Surveillez-vous Véronique. Vous vous laissez aller. Vous avez forci. Ressaisissez-vous, et vite…

Sans même oser la regarder dans les yeux, il la congédia, négligemment, d'un revers de main, comme si elle le dégoûtait. Puis, joignant la parole au geste, il ajouta :

- Veuillez me laisser à présent.

Véronique retourna à son poste de travail l'âme en peine.

La fin de la journée fut particulièrement éprouvante pour elle. Humiliée et culpabilisée par son employeur et meurtrie par son image dégradée, elle souffrait terriblement à l'intérieur.

A 16 h 45 précises, Véronique quitta son poste de travail en essayant de ne pas se faire voir de son employeur.

Or, juste au moment où elle passait devant le bureau de l'Expert-comptable, celui-ci leva la tête.

- Vous partez déjà, Véronique, je vois que notre échange n'aura servi à rien.

- Ma fille est trop petite pour que je la laisse seule, Monsieur.

- Organisez-vous en conséquence Véronique, ma patience a des limites. Votre vie privée n'a pas à interférer avec votre travail. Vous comprenez ça ?

- Oui, Monsieur, répondit-elle déconfite.

Prise dans un énorme embouteillage, Véronique arriva, une nouvelle fois, en retard à la sortie des classes.

Une nouvelle fois, sa fille ; Aude, lui fit la tête en lui reprochant son retard.

Et, une nouvelle fois, Véronique se mit à crier après sa fille dont elle ne comprenait toujours pas l'égoïsme et l'ingratitude alors qu'elle sacrifiait sa vie pour elle.

Véronique était très mal.

Tout tournait dans sa tête et elle ne trouvait pas d'issue.

En plus, elle ne pouvait compter sur personne.

En désespoir de cause, elle ravala sa fierté et appela le père de ses filles, avec qui elle n'avait quasiment aucun rapport.

Depuis leur divorce houleux, elle avait préféré prendre ses distances, l'homme ayant très mal vécu le fait qu'elle le quitte.

- Bonjour c'est Véronique. Quand penses-tu prendre les filles, lui demanda-t-elle ?

- Le week-end prochain, où celui d'après, tout dépendra de la date de mon stage de voile.

- Tu aurais pu, au moins, me prévenir.

- Voilà, c'est fait…

Ravalant, une fois de plus, sa colère envers cet homme qui s'était toujours fait passer avant tout le monde et qui n'avait eu de cesse de la rabaisser et de l'humilier, elle lui posa la question fatidique :

- Quand penses-tu régler la pension des filles ?

- Tu veux dire la contribution à l'entretien, lui répondit l'homme en faisant le malin.

- Oui, la contribution, si tu veux, car tu as un mois de retard.

- Eh, bien quand j'en aurai envie. Et puis, au fait, puisque c'est comme ça, dis aux filles que je ne les prendrai que le mois prochain.

- Comment ça, le mois prochain.

- Finalement, je suis pris les deux prochains week-ends…

Voyant sa mauvaise foi, elle lui raccrocha au nez.

- Un jour, il faudra que je lui fasse un procès à ce connard, se dit-elle intérieurement.

Mais Véronique savait qu'au vu de ses revenus, bien qu'étant faibles, elle n'avait pas droit à l'aide juridictionnelle, pour autant, elle ne pouvait pas se payer un avocat. Les lois de ce pays sont bien mal faites, se dit-elle.

Bloquée, elle n'avait pas d'autre alternative que d'attendre le bon vouloir de son ancien mari.

Elle n'avait pas le choix, ce qu'il savait parfaitement et en profitait scandaleusement…

Comme tous les matins, son réveil sonna à 6 h 45. Comme tous les matins, elle mit son peignoir, descendit récupérer son journal dans la boîte aux lettres du RDC, but son café, fuma une cigarette, passa par la case WC, prit sa douche et prépara le petit déjeuner de tout le monde.

A 7 h 50 précises, elle tourna la clef de contact de son véhicule et accompagna sa fille, Aude, à l'école.

Comme chaque jour, elle arriva après neuf heures à son travail.

Comme chaque jour, elle déjeuna en dix minutes.

Comme chaque jour à 16 h 45, elle avait droit à des reproches de son employeur lorsqu'elle partait chercher sa fille à la sortie de l'école.

Comme chaque jour, elle eut droit au mécontentement égotique de sa fille Aude parce qu'elle avait cinq minutes de retard.

Comme chaque jour, elle du assister aux disputes incessantes de ses filles.

Comme chaque jour, elle réalisa qu'elle était à leur service et qu'elle se sacrifiait pour elle.

Comme chaque jour, elle réalisa qu'elle n'avait pas de vie intime, en fait, qu'elle n'avait pas d'existence à elle et pour elle tout court...

Véronique ressentait bien, inconsciemment, qu'il y avait quelque chose qui n'allait pas, sans pour autant pouvoir mettre des mots sur son ressenti.

Epuisée et sans énergie, plutôt que d'affronter la situation, elle préféra laisser passer et faire le dos rond, en espérant que tout s'arrange avec le temps.

Et puis, un jour, Véronique, à bout de nerfs, finit par craquer.

A 6 h 45, elle fut incapable de sortir de son lit.

Dans un effort surhumain, et en larmes, elle se saisit de son téléphone et composa le numéro de son amie :

- Allo Caro, c'est Véro, est-ce que tu connais quelqu'un qui pourrait m'aider ?

Elodie

A toutes ces femmes qui se sont sacrifiées
pour leur travail…

Elodie, la quarantaine légèrement passée, toujours tirée à quatre épingles, est en train de s'activer dans son service de cardiologie du CHU de sa ville de province, afin de pouvoir entamer, sa deuxième vie, au sein d'une importante fondation hospitalière.

Remariée avec Edouard, brillant gérant d'une société en communication, ils ont une famille recomposée.

Victor, 17 ans, et Louis, 15 ans, fils qu'elle a eu avec Jean-Patrick, son ancien mari, avocat et la petite dernière, Joséphine, 6 ans, qu'elle a eu avec Edouard par un concours de circonstances...

Les membres de la petite famille, vivent en colocataires, et ne se côtoient que rarement, à l'exception de quelques repas dominicaux.

Elodie, Elo pour les intimes, n'est pas une femme d'intérieur.

Elle passe sa vie en représentation, hors du pavillon familial, qui n'a de familial que le nom.

Complétement investie pour les autres, elle ne consacre que très peu de temps aux siens et, encore moins à soi, si ce n'est pour soigner son image et donner le change aux autres.

Le couple, si on peut le qualifier ainsi, a un vie privée limitée au strict minimum.

Il s'agit d'une sorte de cohabitation réduite aux besoins essentiels avec une sexualité épisodique principalement hygiénique.

Pour autant, ils ont développé une vie mondaine soutenue.

Tous deux ont un énorme réseau relationnel, tant auprès des élus, que des acteurs économiques majeurs de leur région.

Elodie, après une journée harassante venait de garer son véhicule sur son emplacement habituel devant sa maison.

- La petite a-t-elle été sage, demanda-t-elle, à la nounou, en arrivant à 20 h 30 alors que sa fille dormait depuis une bonne demi-heure.

- Oui, très, répondit, comme chaque soir la nounou, qui ne voulait pas s'appesantir sur le fait que Joséphine, lui faisait payer l'absence de sa mère.

- A-t-elle bien mangé ?

- Oui, très bien, lui répondit, également comme chaque soir, la nounou. Votre plat est au four, Madame, vous n'avez plus qu'à le réchauffer.

- Bien, merci, vous pouvez y aller, poursuivit Elodie, sans prendre la peine d'échanger davantage avec la nounou à tout faire. Du moment que la logistique était réglée, tout était pour le mieux.

Aux alentours de 22 h 10 / 22 h 20, comme chaque soir depuis qu'ils étaient mariés, Edouard, son nouveau mari, tourna la poignée de la porte d'entrée, en disant :

- Coucou chérie, c'est moi.

Il se dirigea ensuite vers son épouse, l'embrassa sur la bouche, d'un baiser convenu et sans émotion, puis, se dirigea vers la chambre à coucher pour se mettre en tenue d'intérieur et enfiler ses crocs.

Comme chaque soir, à 22 h 30 précises, il était affalé à table en attendant qu'on le serve.

Elo et doudou, son petit nom, épuisés, échangèrent peu, si ce n'est des banalités.

A 7 h 00, le réveil sonna. Elodie se dirigea dans la chambre de Joséphine pour la réveiller.

La petite fille, qui faisait semblant de dormir, attendait sa maman avec toute la joie dont sont capables les enfants.

Elodie absorbée par ses obligations professionnelles, la regarda à peine. Une bise sur le front.

Un petit mot pour lui dire de se dépêcher et elle était déjà en train de réveiller les garçons, qui avaient toujours beaucoup de mal à sortir du lit, s'étant couchés à pas d'heure.

A 7 h 30, Edouard, qui avait pris sa douche entre temps, enfila une tenue décontractée, qu'il avait préparé la veille.

Puis, sans prendre le temps de déjeuner, embrassa son épouse sur la bouche, toujours sans la moindre émotion, et sauta dans sa voiture de sport.

En cours de route, il se parfuma avec une eau de toilette qu'il avait dans la boîte à gants de sa rutilante voiture de sport.

Il s'arrêta ensuite à une boulangerie pour acheter des croissants, et fila chez sa maîtresse.

Elodie, peu bavarde, et surtout pas intéressée par la vie de mère au foyer, après avoir bu son café matinal, fit monter la petite Joséphine dans le crossover familial et la déposa à l'école.

Comme chaque jour, la petite fille, triste, et n'ayant pas eu d'autre modèle qu'une mère absente, lui demanda d'allumer la radio.

- Bisous ma fille, et travaille bien, si tu veux réussir, plus tard, comme papa et maman, lui répétait-elle tous les matins.

- Bises maman et à demain ajoutait, tous les jours la petite fille, le cœur triste.

Comme chaque jour, Elodie, la tête ailleurs, ne prenait même pas la peine d'écouter la réponse de sa fille.

Pourtant, la petite Joséphine, était un rayon de soleil. Pleine de vie, elle donnait de l'amour à tous ceux qui l'approchaient.

Cela n'était jamais suffisant pour sa mère, qui n'avait que faire de ce que peuvent seulement donner les enfants, c'est-à-dire de l'amour, préférant se focaliser sur ses obligations professionnelles du jour.

Oubliant l'être, elle exigeait en retour que du faire et du paraître.

Joséphine, consciente de la pression maternelle, faisait des efforts surhumains pour être une petite fille parfaite et se calquer à ce que souhaitait sa maman.

Elodie, à l'inverse, ayant oublié, comme une maman se devait d'aimer, ou plus exactement ne l'ayant jamais su, conditionnait systématiquement son affection au fait que sa fille, qu'elle percevait comme son prolongement naturel, se comporte selon ses désirs et sa vision du monde.

Le décalage entre les élans spontanés de la petite Joséphine régulièrement réprimés et les hautes exigences comportementales de sa maman à son endroit étaient tels que la pauvre enfant était totalement perdue.

Ce dressage finirait par avoir raison de la joie d'exister de la petite.

En grandissant, Joséphine désorientée et coupée de son intériorité, lui ferait payer cette absence de relation et le poids ces convenances sociétales...

Dans le pavillon familial, les deux garçons, livrés à eux même, étaient, comme d'habitude, en retard pour se rendre au Lycée, pour l'un, et au collège, pour l'autre.

Comme chaque matin, les deux jeunes garçons, à la testostérone en action, se disputaient et en arrivaient presqu'aux mains.

Chacun ayant son deux-roues, ils filaient à toute allure en cours au risque de causer un grave accident.

Comme tous les jours, ils arrivaient lorsque la sonnerie retentissait.

En femme de caractère, Elodie attaqua sa journée, avec détermination.

Dans ses fonctions de chef de service, elle veillait, dans une extériorité complète, à ce que tout se passe bien, c'est-à-dire que tout devait être conforme au degré d'exigence qu'elle imposait à tous, y compris à elle-même.

Le contact régulier avec la matière inerte de la mort, l'avait rendue froide et quelque peu insensible au devenir des patients.

Elle avait beau le nier, mais au fond… au fond… tout n'était qu'un agencement mécanique…

De sorte qu'hormis lorsqu'il s'agissait d'amis, pour autant qu'elle ait eu des amis, peu lui importait le sort des patients et des personnels qui ne faisaient que passer dans sa structure.

Au final, seule la bonne marche du service comptait et rien d'autre…

Comme tous les jours, à la fin de son travail, qu'elle accomplissait toujours avec le plus grand professionnalisme, elle partait à l'opposé de la ville dans les locaux luxueux de la fondation caritative, dont elle assurait la présidence.

Seuls certains jeudis soir, échappaient à la sacro-sainte règle de sa permanence à la fondation.

Elle rencontrait alors quelques copines pour boire un verre entre filles et refaire le monde.

En ces rares moments, l'alcool aidant, Elo, se lâchait et livrait un peu de son intimité.

Ses amies, qui la connaissait bien, accueillaient ses confidences comme un cadeau.

Mais rapidement, elle se ressaisissait et se refermait comme une huitre.

Elle ne laissait alors plus rien transparaître et reprenait son masque de représentation.

Elo redevenait Elodie. Froide, voire glaciale, faisant disparaître toute forme de vie, laissant la place à un masque lisse, de pure convenance.

Elo avait disparu.

Entre 22 h 10 / 22 h 20, comme chaque soir depuis qu'ils étaient mariés, Edouard, son nouveau mari, tourna la poignée de la porte d'entrée, en disant à haute voix :

- Coucou chérie, c'est moi.

Il se dirigea ensuite vers son épouse, l'embrassa sur la bouche, d'un baiser convenu et sans émotion, puis se dirigea vers la chambre à coucher pour se mettre en tenue d'intérieur et enfiler ses crocs.

Comme chaque soir, à 22 h 30 précises, il était à table, avachi, en attendant qu'on le serve.

Et comme chaque soir, Elo et doudou, épuisés, échangèrent peu, si ce n'est des banalités et se couchèrent culs tournés.

Le lendemain matin, à 7 h 00 pile, le réveil sonna.

Comme à son habitude, Elodie se dirigea dans la chambre de sa fille, Joséphine, pour la réveiller.

La petite heureuse de voir sa maman s'intéresser à elle, attendait.

Un bref bisou sur le front et Elodie était partie.

- Habille-toi, ma chérie, lui dit-elle avant de quitter sa chambre sans la regarder.

Dans cette maison vide, tout le monde ne vivait que pour soi.

Seule, la petite Joséphine, dont le dressage sociétal n'était pas encore achevé, avait de temps en temps, des élans d'amour inconditionnels, bien vite refroidis par ceux qui l'entouraient.

Elodie et Edouard, suroccupés, attendaient le dimanche pour se reposer.

Epuisés de leur semaine, ils avaient du mal à donner le change.

Le paraître a un coût.

Et ils le payaient au prix fort.

La pauvre petite Joséphine, toujours triste, ne comprenait pas que ses parents, qui l'avaient eu par accident et qui, au final, ne l'avaient pas désirée, n'étaient pas disponibles pour s'occuper d'elle.

N'ayant nulle présence en eux et pour eux, ils ne pouvaient l'être pour les autres et, encore moins, pour la pétillante Joséphine.

Certes, ils aimaient leur fille, comme ils pouvaient. Ils l'aimaient oui, mais mal.

Dans cette famille, apparemment parfaite, Victor et Louis, les deux garçons, issus de précédents mariages, n'intéressaient personne.

Tous deux, plutôt beaux gosses, commençaient à fréquenter les filles et à faire des bêtises.

Alcool, cigarettes et shit étaient leur quotidien, surtout pour le plus vieux des deux, qui entrainait le plus jeune, son cadet de dix-huit mois, sur la mauvaise pente.

Ni Edouard, occupé à gérer sa double vie et son activité professionnelle, ni Elodie, accaparée par ses engagements tant au CHU qu'à la fondation, ne s'aperçurent de leur mal-être et de leur dérive.

La première alerte tomba avec les carnets de notes des deux garçons.

Un double désastre.

Un séisme pour cette famille, où la valeur de ses membres se mesurait exclusivement à l'aune de sa réussite sociale.

- Comment vous, avec des parents tels que nous, comme modèles, et avec tout ce qu'on fait pour vous, vous avez pu nous faire cela, les interrogea vertement Elodie ?

On vous a tout donnés et voilà comment vous nous êtes reconnaissants, hurla-t-elle dans le vide, les adolescents, absents, ne l'écoutant même pas.

- Vous avez intérêt à vous y mettre, surenchérit l'air mauvais, Edouard, totalement dépassé par les évènements.

La seconde alerte, plus sévère encore, survint lorsque Edouard et Elodie furent convoqués, à quelques jours d'intervalles, par les responsables du Lycée et du collège.

Le coup fut rude.

Les deux garçons étaient insolents avec leurs professeurs et ne travaillaient plus en classe. Cerise sur le gâteau, le plus grand dealait au sein de son établissement.

Après un conseil de discipline agité, Victor, malgré les interventions appuyées des relations de ses parents, fut renvoyé.

Seule, sa petite copine, la fille d'une certaine Caroline, qui était, par ailleurs, amie avec Véronique, elle-même amie d'Elodie, échappa à, la peine scolaire capitale en faisant amende honorable.

Un bonheur ne venant jamais seul, Elodie, effondrée, qui ne comprenait pas comment les deux garçons avaient pu si mal tourner, sans qu'elle ne s'aperçoive de rien, découvrit inopinément un texto ambigu d'une inconnue sur le portable de son mari.

En le cuisinant un peu, Edouard, qui n'avait plus d'attrait pour son épouse, toujours indisposée et fatiguée, mais qui, au contraire, avait sa maîtresse dans le slip, finit par lâcher le morceau.

- Je ne t'aime plus. J'en aime une autre. Je veux divorcer, lui annonça-t-il, sans préalable.

Elodie, plus par fierté que par plénitude intérieure, fit face et accepta.

Cette situation qu'elle vivait aujourd'hui, lui rappela ce qu'elle avait fait vivre à la précédente épouse d'Edouard.

Comment avait-elle pu un instant imaginer qu'il avait changé ?

- Un coureur reste un coureur, lui disait toujours sa mère. Quand ils ont ça dans le sang, ils l'ont pour la vie. Regarde-moi avec ton pauvre père. Il a couru toute son existence et je n'ai jamais pu rien y faire. Paix à son âme.

Les phrases de sa mère, marquées au fer rouge dans son inconscient, rejaillissaient en elle avec une acuité des plus acides.

A sa manière, elle avait voulu être plus forte qu'elle et à arriver à faire changer son mari, comme sa mère, avant-elle, elle avait lamentablement échoué.

La leçon était, une nouvelle foi, sévère. On ne peut rien sur les autres.

Elle aurait dû le savoir…

Elodie, avait bien perçu des signes avant-coureurs (c'est le cas de le dire), mais totalement dévoué à sa cause professionnelle supérieure, ainsi qu'à sa bonne conscience sociale, elle avait toujours fermé les yeux et n'avait pas réagi.

Etant absente pour elle et moins disponible pour son mari, cela l'arrangeait au final.

Cette situation de convenances, qui lui allait parfaitement, et aurait pu perdurer ad vitam aeternam, si cet « abruti », comme elle se plaisait à le qualifier désormais, n'avait pas franchi le Rubicon de la bêtise en tombant amoureux, elle aurait pu fermer les yeux.

Mais là, c'était devenu impossible... Edouard s'était pris les pieds dans le tapis...

Comme cela se fait de plus en plus régulièrement, le divorce se termina, après de sombres marchandages entre avocats, par une convention amiable.

Pour autant, pour Elodie, le choc était violent, tout comme, le réveil à venir pour Edouard le sera pareillement.

Enfant gâté, il avait toujours consommé les femmes jusqu'à les consumer et les vider de toute leur substance.

Son jouet cassé, il allait, pour quelques temps, se ressourcer auprès de celle qui l'avait fait trébucher, avant de retrouver une nouvelle prise.

Jusqu'au jour où, il apprendrait à ses dépens, ou, pas...

Pour les enfants, l'annonce du divorce et de la tromperie par la figure paternelle fut un véritable cataclysme.

Tous leurs maigres repères s'effondrèrent d'un coup.

Victor se réfugia un temps chez son père biologique, avant de retourner dans les pénates maternels.

Celle-ci, bien que pas très favorable au retour de fils, qui lui rappelait que trop son ancien mari, ne put faire autrement que de l'accueillir.

De son côté, Joséphine n'a toujours pas pardonné, ce qu'elle considère comme la trahison suprême de son père. Elle refuse de lui parler et lui souhaite même, par moment, la mort...

Quelques mois plus tard, Elodie, qui n'avait pas bougé d'un millimètre, son rythme de vie ainsi que son organisation familiale, son mari en moins, se retrouva avec ses amies autour d'un verre.

- Alors, comment se passe ton célibat, lui demanda son amie, Véronique ?

- Bienvenue au club, ajouta complice, Christine, une autre de ses amies, elle aussi larguée par son conjoint alors qu'elle venait de dépasser la quarantaine.

- Alors les filles, je vais vous raconter, mais d'abord, je dois vous parler d'un problème que j'ai au travail avec une aide-soignante, lui répondit Elo...

Fatou

A toutes ces femmes qui ont été sacrifiées
pour le service des autres …

Fatou, la cinquantaine, avait dû être une belle femme.

Plantureuse, elle était toujours apprêtée malgré son embonpoint lié à son alimentation déséquilibrée.

Première fille d'une famille nombreuse, elle avait été sacrifiée par les siens pour seconder sa mère.

Désignée par la cellule familiale pour être au service des autres, elle servait, voilà tout.

Elle ne se posait pas la moindre question sur sa condition. C'était comme ça et pas autrement. Toutes les femmes avant elle, avaient vécu comme ça.

Il fallait servir les anciens, les parents, les frères, les sœurs, les petits, les grands, les jeunes, les vieux…

Servir, servir, servir…

Fatou, qui n'avait connu aucune autre posture existentielle, vivait exclusivement pour les autres.

Elle n'existait pas.

De toute façon, avec un tel atavisme, y avait-il la place pour exister autrement ?

Sacrifiée, elle le fut aussi pour les études.

Rapidement retirée du cursus scolaire par son père, qui voulait favoriser ses fils et qui, surtout, ne souhaitait pas que les femmes soient éduquées, la plaça au service de la mère de famille.

Elle devint, en quelque sorte, sa petite main.

Son père, avait toujours considéré qu'elle n'était rien.

Comme elle lui devait la vie, elle lui devait tout.

Aussi, il estimait que sa place était à la maison pour seconder la mère de famille.

Elle était venue au monde pour ça.

Servir sa famille était son devoir et son unique raison d'exister.

Pendant des années, elle fit office de servante pour tous.

Fatou par-ci, Fatou par-là, Fatou, fais-moi-ci, Fatou, fais-moi-ça…

A force d'être au service de tous, on ne la voyait plus.

Elle n'avait aucune valeur et n'existait même pas pour sa famille clanique et tyrannique.

Son devenir n'importait peu et son destin était figé.

Les jeux étaient faits.

Elle n'existerait pas et ne serait rien.

Une fois finie, usée, quelques fois, maltraitée et parfois abusée, elle partirait, comme des générations de femmes avant elle, comme une vieille plante desséchée, faussement pleurée et rapidement oubliée.

Quantité négligeable, elle servait à tous et tous en abusaient.

Fatou, ne pouvait pas exister autrement.

Fortement formatée, elle ne savait rien faire d'autre que de servir.

Il n'y avait pas d'issue à sa vie.

Elle naitrait et mourait et entre ces deux bornes, de la non-existence.

Tout juste de la survie.

Presque du néant.

Fatou, toute femme qu'elle était, n'était rien et n'aspirait à rien.

Comment aurait-il pu en être différemment ?

Fatou savait tout juste lire et écrire.

Elle n'avait pas les armes pour se bâtir un chemin singulier.

Le sien était tracé et intangible comme des générations de génitrices avant elle.

A tout juste seize ans, Fatou, fût mariée rituellement à un homme qui la battait, lorsqu'elle ne faisait pas assez vite ce qu'il demandait ou lorsque enceinte ou indisposée, elle se refusait à lui.

Quelques années plus tard, Fatou, trouva la force, grâce à des associations de femmes battues, de divorcer de cet homme malade, qui lui avait fait trois enfants.

En mère courage, devant élever seule ses trois fils, elle se mit à travailler dur pour subvenir aux besoins de ses garçons.

Habituée à servir, elle fût embauchée comme assistante aide-soignante, au CHU de sa ville d'adoption.

Elle fut alors affectée au service de cardiologie dirigé par Elodie, ou, plus exactement par Madame le Professeur, (Madame le et, non la professeure, et sans e à la fin de Professeur, elle y tenait) comme elle se faisait appeler.

Au service de cardiologie, comme dans la vie, Fatou, la petite main, pourtant si utile, était invisible.

Bien que faisant partie de la grande chaîne des soignants, personne ne faisait attention à cette mère admirable et à cette femme dévouée, qui faisait son travail consciencieusement dans l'ombre, sans se faire remarquer, ni rien réclamer.

Et puis, un jour, son destin, bascula.

En plein service, elle reçut un coup de téléphone sur son portable de son fils ainé :

- Maman, viens-vite. Je me suis coupé...

Affolée et sans réfléchir, n'écoutant que son instinct de mère protectrice, elle abandonna son poste de travail, sur le champ, sans prévenir personne.

Elle quitta l'hôpital séance tenante et fila à son domicile, un modeste appartement social situé dans un quartier défavorisé.

Lorsqu'elle arriva sur place, son fils était en train de regarder la télévision, la légère coupure pour laquelle il l'avait dérangée ayant été suturée par un docteur du Samu.

Fatou, toujours prête à servir et à se rendre utile, qui avait paniqué, se ressaisit à la vue de son fils bien portant.

Pourtant, ce n'est que bien plus tard qu'elle se rendit compte du risque professionnel qu'elle venait de prendre, victime de son éternel dévouement.

Le lendemain, lorsqu'elle se présenta à son travail, prête à prendre son service, elle fût appelée par le grand chef, Madame le Professeur.

- Fatou, votre conduite d'hier est inadmissible.

- Excusez-moi, Madame, je…

- Vous n'avez aucune excuse. Votre attitude est inqualifiable et a mis en péril le service, lui répondit sèchement Elodie, sans prendre la peine de l'écouter. Vous recevrez, dans les prochains jours, une lettre pour un entretien préalable, d'ici-là, je vous notifie une mise à pied à durée indéterminée avec effet immédiat.

- Mais, Madame… j'ai besoin de manger… j'ai une famille… répliqua, perdue, la pauvre Fatou.

- Vous connaissez la règle, le service avant tout. Vous recevrez bientôt votre courrier. Vous pouvez disposer, ajouta sèchement, Elodie.

- Mais…, insista Fatou.

- Vous vous expliquerez lors de l'entretien, la coupa, tout net, Madame le Professeur.

CLAIRE

A toutes ces femmes qui ont cessé de se sacrifier et qui ont commencé à chercher à exister…

Claire est ce qu'on appelle une résiliente.

La soixantaine décomplexée, elle assume son parcours de vie et aime se donner en exemple.

Abandonnée à la naissance, elle eut beaucoup de mal à surmonter sa situation.

Par ailleurs, régulièrement abusée lorsqu'elle était toute petite par un voisin, elle dut soulever des montagnes pour s'en sortir.

Après un parcours scolaire chaotique, elle vogua de Charybde en Sylla.

De ses errances, elle avait, très tôt, eut une fille avec un inconnu d'un soir, qu'elle avait prénommée, Aline, en l'honneur de la chanson.

Plus ou moins consentante alors qu'elle était sous l'emprise du verre de trop, elle s'était retrouvée enceinte de cet homme, dont elle était incapable de reconnaître le visage.

A dix-sept ans, la fille-mère, excédée de vivre dans un contexte familial dégradé, s'était enfuie du domicile parental, avec sa petite sous le bras.

Réfugiée, dans un centre pour mineures, elle n'arrivait pas à pardonner à ses parents adoptifs de ne pas l'avoir protégée du prédateur sexuel qu'était leur voisin et, par ailleurs, ami de la famille (enfin, à l'époque, c'est ce qu'ils croyaient…).

En conflit ouvert avec ses parents depuis son adolescence, elle avait décidé de mettre de la distance avec eux.

Plusieurs tentatives de suicide plus tard, elle survivait, tant bien que mal, de petits boulots et de menus larcins.

Destin brisé, depuis sa plus tendre enfance, elle eut un soir la révélation, une sorte d'hapax existentiel.

Elle avait, désormais, deux options, soit, sombrer dans la drogue et l'alcool, en entrainant avec elle son enfant dans sa dérive mortifère, soit, essayer de se ressaisir et de se reconstruire pour s'offrir ainsi qu'à sa fille, un avenir, qu'elle espérait, partagé, pas comme celui qui n'avait jamais existé avec ses parents d'adoptifs, que, de son côté, elle n'avait pas adopté.

Et puis, un beau jour ... plus, pour sa fille, Aline, que pour elle-même, Claire se mit en mouvement.

A force de chercher à comprendre, de lire, de parler, de rencontrer des gens, de s'ouvrir au monde et d'essayer de se centrer sur sa personne, elle finit par tomber sur elle dans toute sa nudité.

Elle commença, alors, à tirer sur le fil ténu qui mène à son être intime.

Déroulant la pelote de son inconscient, elle s'engagea dans le labyrinthe sombre de son être blessé.

Au début cet effort, la fit énormément souffrir.

Puis, ce qu'elle fit remonter à la surface, la libéra progressivement.

Lentement, elle changea la représentation de sa personne et du monde qui l'entourait. Puis, elle se convainquit que son approche de l'intériorité devait s'apparenter à un jeu.

De fil en aiguille, elle se laissa prendre à son propre « je ».

Petit à petit et, jour après jour, elle fit naître en elle, de nouvelles qualités et s'engagea dans un processus artistique de sculpture de son intimité.

Tout doucement, sans faire de dégâts, les relations à son être et aux autres se modifièrent.

Après avoir trouvé son chemin, elle mit en place une relation apaisée avec sa fille, Aline.

Elle se rapprocha même de ses parents adoptifs, à qui elle avait pardonné, après s'être pardonnée.

Epanouie et mieux dans sa tête et dans sa peau, elle avait décidé de franchir le pas pour permettre à d'autres femmes de mieux se connaître et de s'ouvrir à elles-mêmes.

Claire, investie d'une sorte de mission, s'est alors décidée à changer totalement de vie.

Elle a créé sa propre école de libération de la parole, afin d'inciter toutes ces femmes sacrifiées à s'engager dans la voie de leur réalisation intérieure.

Sa contribution aux autres, consiste, désormais, à offrir à toutes ces femmes oubliées la possibilité d'un parcours existentiel singulier.

- Bonsoir à toutes, ce soir dans notre cercle de parole nous accueillons trois nouvelles personnes. Je vous laisse vous présenter, annonça-t-elle aux nouvelles participantes.

- Bonsoir, je me prénomme Véronique. J'ai la quarantaine. J'ai deux filles, Lisa et Aude. Je suis divorcée depuis plusieurs années maintenant. J'exerce la profession de comptable dans un Cabinet d'Expertise-comptable.

- Elodie, également la quarantaine. Je suis chef de service en cardiologie au CHU de la ville, Présidente de la fondation pour l'enfance. J'ai deux enfants. Je suis tout juste divorcée.

- Bonsoir Mesdames, je suis Fatou. Je suis maman de trois grands garçons que j'élève seule. J'étais assistante aide-soignante. J'ai cinquante-trois ans. Je viens d'être licenciée...   On se connait, murmura-t-elle en regardant Elodie

- Qui veut commencer ? demanda Claire avec un sourire bienveillant.

Une petite main hésitante se leva.

- Fatou, tu as la parole...

Véronique, Elodie, Fatou, Claire et les autres...

A toutes ces femmes qui ont décidé de se prendre
en main et de se construire un destin singulier…

A peine un peu moins de deux ans plus tard, Véronique, Elodie, Fatou et Claire, étaient assises, autour d'un verre sur une plage du sud.

Toutes les quatre passaient du bon temps, ensemble, à partager, la joie simple d'un bon moment entre amies.

- Tu te rappelles, Fatou, quand je t'ai licenciée ? l'interpella Elodie.

- Si, je m'en rappelle, j'ai failli en crever, répondit, à brûle-pourpoint, Fatou en sirotant un verre de vieux rhum. J'avais tout perdu. Plus de travail, plus d'argent, plus rien à manger, des retards de loyers…

- Quel parcours vous avez parcouru toutes les deux ! surenchérit, Claire.

- Finalement, tu m'as rendu service, reconnut Fatou en s'adressant à Elodie.

- Non, c'est toi, lui répondit Elodie. Grâce à toi, et à ce que tu m'as apporté quand tu m'as envoyé la réalité à la figure, en me traitant d'égoïste et d'insensible sans cœur. J'ai réfléchi, et je me suis remise en question. J'ai ravalé ma fierté et j'ai décidé de changer. Merci encore Fatou, je ne saurais, jamais, comment te remercier. Je me suis ouverte à moi-même et aux autres. Je suis devenue plus vraie. J'ai arrêté de jouer un personnage, de faire la belle, et de me croire supérieure.

- Ne me remercie pas. Tu l'as déjà fait, répliqua Fatou. Tu m'as donné une seconde chance, en m'embauchant, à nouveau, tout en me permettant de progresser dans mon métier.

- Tout ce que tu es. Tu ne le dois qu'à toi, et, à personne d'autre, surenchérit, Véronique. C'est grâce à la belle personne que tu étais et que tu es restée, que tu as pu te relever et devenir celle que tu es aujourd'hui. C'est grâce à tes efforts que tu chapeaute, à présent, toutes les aides-soignantes de l'hôpital et que tout le monde reconnaît ton empathie naturelle et l'excellence de ton travail.

- Oui, je confirme, intervint, Claire.

- Tu sais Véronique, toi, aussi tu as été formidable, précisa Fatou. Tu as su influer sur le cours de ton destin pour lui donner un sens. Tu as su te construire une existence personnelle avec de vrais centres d'intérêts, à commencer en t'éloignant des êtres néfastes et en changeant de travail.

Avec dévouement et implication, tu as su accompagner tes deux filles en leur permettant d'entrer dans le monde des adultes avec les armes dont elles ont besoin pour l'affronter.

- Merci, Fatou, répondit, Véronique, émue jusqu'aux larmes. Tu es merveilleuse.

- Merci, à vous toutes, reprit Claire. Elle aussi touchée par ces marques d'amour spontanées. Vous pouvez être fières de vous.

Sur ce, la discussion prit fin et dévia sur des sujets plus légers, nettement plus en phase, avec le moment de détente qu'elles étaient en train de partager...

Printed in Great Britain
by Amazon

26890608R00056